Landry Mestrallet

Le mur du son

ou

Les murs ont des oreilles

Indiesis éditions

Sur le matelas en laine, les yeux pris par les diodes du radio-réveil, j'attends de sortir enfin de la nuit. J'entends passer les camions sur l'autoroute au loin et crains les bruits des tuyaux du gaz de la maison mal isolée. Tout est de faux et de moquette et l'été en devient étouffant. Il n'y a rien ici, sauf des meubles emplis d'angoisses du passé et ce matelas tassé au centre, comme creusé, et les boutons de ses coutures marquent mon dos collant de sueur. Ma peau sent la lavande artificielle du savon sec et une odeur de mauvaise eau de Cologne plonge sur moi depuis la salle de bain du bout du couloir tapis de rouge et de brun. Je me sens mal, j'ai soif. Un verre d'eau calcaire et chlorée est posé près du radio-réveil et de la lampe de chevet. J'éclaire, m'assieds, bois. Je fixe la figurine hurlante d'un petit singe posée dans la vitrine à l'entrée de la chambre ; je la surveille. L'abat-jour de la lampe n'abat plus. Je pleure de me voir dans le miroir ; même allure que le petit singe, visage pâle, altéré, cerné. Je fixe les diodes rouges :

2:08am

Mes yeux sont maintenant secs et irrités. Je hurle, intérieurement, hérissé.

2:34am

J'attends l'aurore.

2:47am

Les trains crient eux-aussi ce matin d'une stridence lancinante. Je ne sais pas lequel me mènera à destination. Je ne connais même pas cette destination. Je ne sais même pas si nous prendrons vraiment le train.

Quai numéro six. Les gens sont pressés et tendus, leur visage parle du temps, celui qui passe trop vite, celui qui fait peur, celui qui rend en retard, qui rend trop tard aussi, qui fait regretter, qui donne la peur de l'oubli, qui inexorablement rapproche de la mort quelque soit le moment où elle surviendrait.

Le train part à l'heure. Le train est empli de gens aveugles et insensibles. Le train est insensible. Le train avance trop vite. Le train doit s'arrêter car j'ai mal. Je souffre. Je ne puis pleurer, et personne ne me console. Personne ne me voit et tant d'ignorance me submerge.

Le téléphone de grand-père sonne :

— Eloïse, ton fils, ce matin, quand je suis allé le réveiller, j'aurais juré qu'il avait pleuré.

— Papa, passe-le moi, passe-le moi vite. Allô, mon bébé, comment vas-tu ? T'as pas eu trop peur si loin de la maison ? Tu me manques mon petit chéri. Papy te ramène, t'es presque rentré, ne t'en fais pas.

Papy reprend le téléphone :

— Il a pas l'air de tout piger ma puce. Et je suis sûr qu'il a pleuré cette nuit, c'est troublant.

— Un jour, il a pleuré à cause d'une poupée de la petite voisine. J'appelle le docteur Delgal, c'est peut-être la thérapie qui fonctionne.

Il y a une dame en face qui me regarde. Chaque couleur a une note. La dame est habillée en la mineur. L'intérieur du wagon est proche d'un ré mineur.

Je me sens mal en général ; j'entends se jouer en moi la symphonie de ce que je vois et l'ensemble est tellement dissonant, voire discordant. Je ferme presque toujours les yeux sinon j'ai mal. Je voudrais vivre dans un monde parfait – accordé. J'attends.

«Madame, il est actuellement difficile d'interpréter quelque fait bénéfique à votre fils ; il se pourrait que, intérieurement, il y ait une avancée qui se révélerait par la suite mais là, il est impossible d'affirmer quoi que ce soit. Allez regarder à travers un mur... Il semble avoir une bonne notion de l'espace et du temps mais demeure dans son monde intérieur. Ne restreignez jamais le temps qu'il passe au piano, c'est à la fois un prodigieux outil et une attache, un goût à la vie. La musique est son langage peut-être, soyez-y attentive, il y exprime sans doute tout ce qu'il ne parvient pas à exprimer avec son corps. Je pense que votre fils ne s'en sort pas si mal dans son autisme, Madame Delcampo.»

Je ne sais pas pourquoi maman en a marre de moi ni pourquoi il faut se presser pour aller dans des endroits désaccordés. Je suis bien, dans ma chambre, sans horloge qui marque le temps. J'aime m'asseoir et peindre l'endroit le plus beau qui puisse exister. C'est difficile parce que le monde dans lequel on me force à rester finit toujours par s'infiltrer en moi et je dois le faire sortir. C'est difficile.

«Tu crois que c'est facile de me le traîner, de supporter son silence, de n'entendre de lui que son bordel de piano ? Je ne lui parle presque plus depuis plusieurs jours. T'as déjà parlé à un mur ? C'est la même chose ! Et toujours la peur qu'il fasse une connerie parce qu'on ignore ce qui peut bien se passer dans sa tête. Florence, j'ai besoin encore d'un peu de repos mais je ne veux pas le renvoyer chez mon père. Tu pourrais le prendre chez toi pour une ou deux semaines ? Ça me soulagera, je peux plus rien gérer toute seule, j'ai besoin d'y voir clair.»

Un matin, maman me fait un bisou en pleurant et je me retrouve avec tatie Florence dans une voiture qu'elle conduit. J'aimerais conduire une voiture pour partir trouver le plus bel endroit du monde. En tout cas, avec tatie Florence, on est bien. Elle est habillée en do majeur et ça va bien même avec la voiture, son rouge à lèvre, ses boucles d'oreille et ses cheveux. Son bracelet est en ré majeur et se marie très bien avec le reste.

«Sylvain, je suis sûre que tu seras bien chez nous ; et deux semaines, ça passe vite ! Tu seras à la campagne, auras une grande chambre avec un beau piano. C'est celui de Gabrielle mais elle te le prête ; un piano rien que pour toi ! C'est chouette que tu revoies ta cousine, vous étiez tout petits ! Mais là on a beaucoup de route à faire, tout le temps pour bavarder ! Elle te raconte des choses des fois maman ? Est-ce qu'elle te parle de quand tu étais petit ? Est-ce qu'elle te parle de papa ? C'est important de bien connaître son passé pour bien vivre le présent. On parle souvent de ton papa avec ta cousine Gabrielle, elle n'a qu'un an de plus que toi mais s'en souvient très bien ! Quel sacré frère j'ai eu ! Oh non mon petit cœur, tu pleures ?»

Nous avançons vers les montagnes qui semblent d'une musique magistrale. «Ce sont les Alpes que tu vois Sylvain. Plus qu'une heure et nous y sommes» Et cette heure est passée si vite ! Florence est une véritable mère. L'image de maman, je m'en rends compte, se change en celle d'une tante. Trouverais-je donc un père et une sœur ? Nous arrivons à la grande maison entourée de montagnes. Une symphonie pastorale resplendit de ce soleil couchant. Les rayons rouges tamisés par la brume naissante transportent des notes chaleureuses en échos contre la roche mère. Et quelle chambre ! Des rideaux et des draps blancs, et du parquet chaud. Les meubles sont en chêne et un piano demeure de toute sa noblesse, droit, ouvert sur le contraste des touches.

«Je te laisse te familiariser avec les lieux. Stéphane dort, il a beaucoup travaillé, et tu verras Gabrielle demain matin. Bonne nuit Sylvain !»

Elle a laissé les volets ouverts ! Et reste un vrai silence sans soupirs. Rien ne brouille ces si jolies couleurs ! Et là, je me demande si le silence n'est pas une musique-support que l'on «découpe» pour faire de la musique, comme se créent les couleurs à partir de la lumière blanche.

J'aimerais leur dire ce que je pense mais ne sais pas faire. Et pourquoi je ne veux même pas essayer d'écrire ? Gabrielle a laissé un mot à Florence lui communiquant qu'elle est chez une amie, qu'elle rentrera très tard et qu'elle l'aime. Lire mais ne pas écrire est peut-être de l'égoïsme, je n'y avais jamais pensé jusqu'à lors. Mais un jour, je me suis promis de ne pas laisser de traces de mon passage. Les larmes qui s'échappent, ça va, ça sèche vite mais celles de ce soir ont la même couleur que celles que je verse dans la tristesse. Et je me rends compte aussi que les sentiments ont des couleurs que je tenterai de jouer demain.

J'entends des rires provenant de la cuisine. J'entre et ne vois qu'une chose : un soupir sur une portée ; le centre d'un tourniquet et moi un enfant qui gravite autour, ivre ; un filament de tungstène aveuglant et moi le verre de l'ampoule prêt à se fendre. Ses couleurs sont si pures que je n'ose pas les salir du regard à vouloir les discerner. La clarté m'aura troublé. Je ne sais pas combien de temps je suis resté en suspens sur le seuil de la cuisine avant d'entendre :

— Il va faire ça souvent ? de la part de Gabrielle

— Viens t'asseoir Sylvain, je te fais un chocolat chaud, dit Florence.

— Bien dormi jeune homme ? poursuit Stéphane.

— Comme on a galéré pour faire rouler le piano jusque dans la chambre ! Faudra que tu me montres comme tu joues pour la peine ! continua Gabrielle.

Je regarde mes tartines à présent. Attendent-ils une réponse de ma part ?

Je suis assis sur un banc dans le salon ce matin. Il est six heures, Stéphane se prépare à aller travailler. On voit les Alpes par la baie vitrée, et c'est beau !

«Salut jeune homme ! Sylvain, je te vois assis là, il me semble que tu penses ou réfléchis ou médites ! Je trouve qu'on s'entend bien tous les deux à notre façon. J'aime bien qu'on puisse se parler un peu entre hommes parce qu'avec Flo et Gab bon, hein ! Je tiens à t'offrir ceci, c'est de la main de Steeve Reich. C'est un grand compositeur pour moi ! J'ai découvert son œuvre quand j'étais encore jeune, en difficulté. J'ai fait résonner en moi sa musique, elle a été le support d'une nouvelle vie pour moi, une renaissance et un humanisme à la fois, elle m'a aidé à ouvrir les yeux et à prendre de l'assurance. J'aurais aimé être artiste mais à défaut je travaille avec eux. Et j'ai fondé une petite famille soudée avec une vie stable et je suis tellement heureux ! En ne s'encombrant jamais l'esprit trop longtemps et avec de l'altruisme et de la persévérance, on y arrive.»

Je crois bien que c'est la première fois que ça m'arrive ; aujourd'hui, je n'ai même pas envie de jouer. Mais je n'ai pas le temps de comprendre que Gabrielle me fait asseoir devant le piano, me suppliant de lui jouer un «truc». Ma première contrainte de la semaine. Mais je joue là. Je joue et on m'écoute. Je joue et elle m'écoute. Je veux donner sa couleur à la musique alors je dois m'ouvrir à elle afin de la ressentir pleinement. Mais c'est trop difficile, ça me fait peur. J'ai peur de mon rêve. La fille de mes rêves est là, avec moi, dans le lieu de mes rêves. Je vivais seul, isolé dans mon esprit. Et voilà que je suis projeté dans mon rêve qui n'est autre que la réalité. Et ça me fait peur de ne pas seulement voir, entendre et imaginer mais aussi vraiment ressentir, percevoir, toucher, évoluer, pressentir, comprendre. Je suis si petit et ce qui m'entoure si grand que l'énergie qui y rayonne monte et grandit en moi, me fait vibrer, mon attitude change, une force fuse et circule. Je n'ai jamais été aussi heureux. «C'était beau Sylvain, c'était très beau.» Elle est belle, elle est très belle. Attendez un moment, j'ai l'impression de tomber. Il ne m'était jamais arrivé telle présence d'esprit. Vivre l'instant présent, c'est ce que je viens de faire. Ce ne sont pas ses couleurs perceptibles à l'œil nu que j'ai jouées, c'est l'énergie qu'elle véhicule, qu'elle me transmet, ses rayons, les nuances de ses gestes à l'image de sa musique. Je comprends maintenant. C'est vivre dans un paysage onirique que je recherchais alors que c'est une simple harmonie que je convoite. Et si mes propres vibrations pouvaient modifier mes perceptions du monde, tout pourrait être beau, car ma vision m'appartient, à moi seul.

Ce matin, on m'a dit que j'avais bonne mine ! Maintenant, nous sommes dans la rue là, et il pleut. En plus, les gens font une mauvaise tête. Mais vous savez quoi ? Je les trouve tous beaux !

J'aurais aimé rester en ville à continuer mon expérience mais nous devons rentrer, nous avons beaucoup marché et ça nous a creusé l'appétit.

C'est étrange comme certaines conversations surviennent. Ils parlent de mon père. Voilà même qu'il parlent de sa mort. «deltaplane», «nuit», «accident».

Je ne parviens pas à dormir cette nuit. Je tourne, tourne et retourne. Il fait chaud. J'ai froid. Je n'ai jamais été heureux aussi longtemps. Deux jours, c'est long quand on a peur que le passé nous rattrape. Est-ce parce que je suis petit, un être minuscule face à la beauté que j'ai découverte, que je veux retourner en rêve ?

D'une vue sur la plaine d'un Dauphiné libéré depuis un Vercors protecteur – elle est le ciel dans tout ça. De cette culmination, je plonge vers l'horizon de ma vie, l'air libre, l'air pur. Mon esprit, de retour sur terre, retrouvera sa liberté.

Mon éternité n'a pas changé.

Le mur du son
ou Les murs ont des oreilles
©Indiesis éditions
©Landry Mestrallet
ISBN 978-2-918542-12-4
Dépôt légal été 2015
Indiesis éditions
6 rue du Coq Français
93260 Les Lilas
www.indiesis.com